KONSTANZ

Holger Spiering

KONSTANZ

Mit Texten von Iris Lemanczyk

DIE FEINE BODENSEE-BIBLIOTHEK

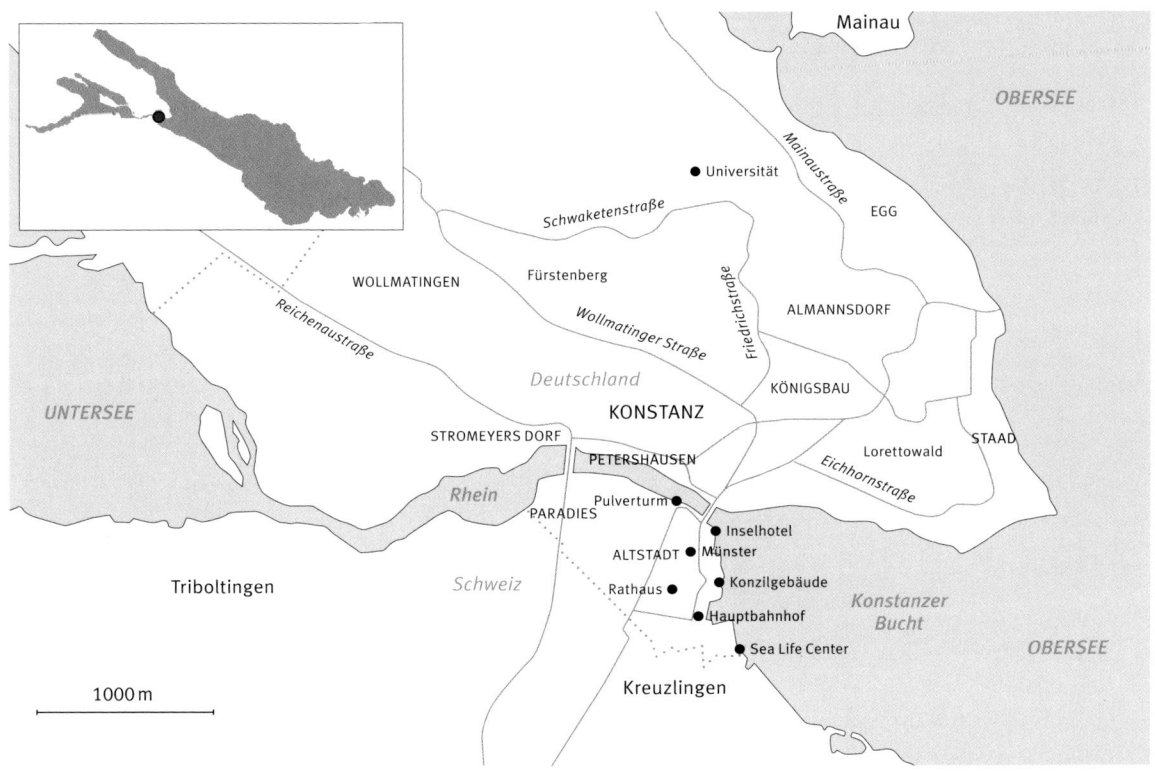

Konstanz – die Königin am See

Konstanz liegt reizvoll am Seerhein zwischen Obersee und Untersee, *in einer innigen Umschlingung des Wassers*, wie der Dichter Werner Bergengruen schreibt. Heimliche Hauptstadt der Bodenseeregion, die zusammen mit dem Schweizer Nachbarort Kreuzlingen die größte zusammenhängende Ansiedlung am Bodensee ist. Konstanz – die Königin des Sees: altehrwürdig und dynamisch jung, alemannisch beschaulich, dennoch ein bisschen verrückt. Ein veritables Zentrum der Lebenslust mit netten Gassen, auffallend vielen jungen Menschen – Konstanz ist Uni-Stadt – mit witzigen Brunnen, mit Straßencafés in Hülle und Fülle, Kulturzentren, Livemusik an fast jeder Ecke, mit Museen und dem *Sea Life Center*.
Konstanz schaffte es, Taufpate für den See zu werden, zumindest im angelsächsischen und französischen Sprachraum. *Lake Constance* heißt der Bodensee auf Englisch, *Lac de Constance* auf Französisch.

Man fühlt sich fast wie am Mittelmeer, besonders am Hafen, wo der warme Seewind die Wasseroberfläche streichelt, während die Segelboote festgemacht werden oder ein Schiff der *Weißen Flotte* ablegt. Dort am Hafen kehrt ein mächtiges Weib alle 90 Sekunden der Stadt seine dralle Frontansicht zu. Als es das zum ersten Mal tat, mit tiefem Ausschnitt und hoch geschlitztem Kleid, wussten die Konstanzer nicht so recht, ob sie nun schockiert oder klammheimlich erfreut sein sollten. Das war im April 1993, der Bodenseekünstler Peter Lenk hatte gerade sein neues Werk enthüllt: eine neun Meter hohe, 18 Tonnen schwere, sich um die eigene Achse drehende Frauenfigur mit den gewaltigen Formen einer lasziven Göttin. Mittlerweile ist die *Imperia* – so heißt die Dame – ein äußerst beliebtes Fotomotiv, und auch die zunächst schockierten Konstanzer haben sich längst humorvoll mit der (auf-) reizenden Dame angefreundet.

Doch von Göttin keine Spur. *Imperia,* die die vom See Kommenden begrüßt, ist eine Kurtisane. Sie soll, gemeinsam mit 700 Kolleginnen, eine nicht unbedeutende Rolle beim größten politischen Ereignis der Stadt gespielt haben. An dieses erinnern heute vor allem die beiden armseligen, mickrigen Figuren, die *Imperia* auf ihren ausgestreckten Handflächen balanciert: Kaiser Sigismund und Papst Martin. Sie trafen sich mit den wichtigsten Fürsten Europas, mit Delegierten aus dem gesamten Abendland, Patriarchen, Kardinälen, Erzbischöfen, alle mit Gefolge, dazu Sekretäre, Justiziare, Doctores und Pfaffen, aber auch Händler, *Imperias* Kolleginnen sowie Ganoven. 50.000 Fremde sollen sich in Konstanz aufgehalten haben, die alle versorgt werden wollten. Die Fischer schafften es kaum, genügend Fische aus dem See zu ziehen, man holte Nachschub aus Italien, aß Schnecken und Frösche und trank Wein. Und das alles für das erste und einzige Konzil, das auf deutschsprachigem Boden stattfand. In Konstanz. Von 1414 bis 1418. Es war mit Abstand das größte Gipfeltreffen seiner Zeit. Sein Ziel: eine umfassende Kirchenreform sowie die Absetzung der drei alten und die Wahl eines neuen Papstes.

Unter dem Vorwand, auch strittige Glaubensfragen lösen zu wollen, wurde der gebannte und exkommunizierte böhmische Reformator Jan Hus geladen. Kaiser Sigismund sicherte ihm freies Geleit zu. Doch den Kirchenoberen ging es nicht um Gerechtigkeit und strittige Glaubensfragen, der beliebte Rektor der Prager Universität wurde unter einem Vorwand festgenommen, eingekerkert und am sechsten Juni 1415 als Ketzer auf dem Scheiterhaufen verbrannt. Der Konstanzer Bürger Ulrich von Richental schildert in seiner Chronik des Konstanzer Konzils (Erstdruck 1483) die Verbrennung: *Hus trug eine weiße Bischofsmütze auf seinem Haupt, darauf waren zwei Teufel gemalt und dazwischen stand geschrieben: Erzketzer. Während er hinausgeführt wurde betete Hus. Als er auf die Richtstätte kam und Feuer, Holz und Stroh sah, fiel er dreimal auf die Knie. (...) Danach wollte er anfangen auf Deutsch zu predigen. Das wollte Herzog Ludwig nicht und hieß ihn verbrennen. Da nahm ihn der Henker, band ihn an einen Pfahl, stellte ihm einen Schemel unter die Füße, legte Holz und Stroh um ihn, schüttete ein wenig Pech darein und zündete es an.*

Nach der Verbrennung schlossen sich die Würdenträger drei Tage und Nächte lang zur Papstwahl im alten Kaufhaus am Hafen ein, das früher als Lager für Handelsgüter diente. Deswegen heißt das massige Gebäude mit dem mächtigen Walmdach und dem originellen Kranerker seitdem *Konzil*. Das Ergebnis nach dem Konzil: Otto von Colonna, genannt Martin V., wurde zum Papst gewählt. Danach reiste der gesamte Tross ab. Sigismund, der mit seiner Königin Barbara und Gefolge jahrelang in Konstanz gelebt hatte, prellte einen großen Teil seiner Zeche.

Eigentliches Zentrum des Konzils war das Liebfrauenmünster. Hier wurden die Debatten ausgetragen, die Intrigen eingefädelt, Fraktionen gebildet. Und König Sigismund wurde zum Kaiser des Heiligen Römischen Reiches gekrönt. Noch heute überragt das wuchtige Münster mit seinem 76 Meter hohen Turm das Häusermeer. Das Münster selbst ist seit 900 Jahren eine Baustelle und daran wird sich so schnell nichts ändern. Eine eigene Dombauhütte ist seit Jahrzehnten mit der Restaurierung und Erhaltung der Fassade beschäftigt. Ständig wird an den Fassaden der gewaltigen Kirche gearbeitet, um Skulpturen und Steinschmuck zu erneuern, gar ganz zu ersetzen, denn jede Epoche hinterließ ihre Merkmale: Von 1052 bis 1089 wurde die Kirche als romanische Basilika erbaut, im 14. Jahrhundert kamen gotische Seitenkapellen hinzu und im 15. Jahrhundert der *Schnegg*, ein sechseckiger Treppenturm. Der älteste Teil des Münsters ist die Hallen-Krypta. Sie birgt einen kostbaren Schatz: die vier Konstanzer Goldscheiben, die vermutlich Mönche der Insel Reichenau bereits um das Jahr 1000 anfertigen ließen. Bis 1974 waren sie außen über dem Südeingang angebracht, funkelten im Sonnenschein und kündeten von der Macht und Pracht der Kirche. Dann wurden sie durch Kopien ersetzt.

Seit Jahrhunderten von Kriegszerstörungen nahezu verschont, bewahrte sich Konstanz weitgehend sein mittelalterliches Stadtbild, das von Giebeln, Türmen und Arkaden geprägt ist. Fassadenmalereien an den Häusern der Altstadtgassen erzählen die weitere Geschichte der Stadt: Die sensationellen Ausgrabungen im Jahr 2003 am

Münsterplatz brachten das römische Kastell zutage, das offenbar im vierten Jahrhundert errichtet worden war, um die Alemannen auf ihrem Vormarsch zu stoppen. Dort wurde 200 Jahre später die Bischofskirche gebaut.

Wo heute ein Hotel untergebracht ist, schloss Kaiser Friedrich Barbarossa (1122–90) nach einem erfolglosen Feldzug seinen Frieden mit den lombardischen Städten. Die wachsende Bürger- und Kaufmannsgemeinde fand in den Lombarden Handelspartner für die nächsten Jahrhunderte.

Im roten *Haus zur Kunkel* schildern die Fresken vom Alltag der Frauen, die Leinen und Seide webten. Konstanz war im Hochmittelalter Zentrum der Weberei. Die Fresken stammen aus der Zeit um 1300 und sind damit die ältesten erhaltenen profanen Wandmalereien nördlich der Alpen.

Das aus Flachs gewonnene Tuch war ein Exportschlager. Nicht nur nach Italien, über die Märkte der Champagne eroberten sie Nordeuropa, England, sogar Skandinavien. Konstanz war zu einem internationalen Handelsplatz geworden. Die Stadt wuchs wegen Platzmangels durch Aufschüttung in den See hinein, erhielt mehrfach veränderte Mauerringe, und die Pfleghöfe der benachbarten Klöster waren Umschlagplätze für Waren. So gelangten Korn und Wein aus den Dörfern des Klosters Salem über Konstanz auf die Märkte der Region. Auch das Salz aus dem Haller Gebiet erreichte über den Seeweg von Lindau her die Stadt.

Zur Zeit der Reformation orientierte sich der Rat der Stadt konsequent an der Schweiz, besonders an Zürich, wo sich die Reformation unter Ulrich Zwingli vollzog. Noch nie lag die Möglichkeit eines Beitritts der Stadt Konstanz zur Eidgenossenschaft so nahe. Daraufhin floh der Fürstbischof nach Meersburg und ließ sich erst wieder in Konstanz blicken, als die Stadt nach einer kaiserlichen Belagerung seine Eigenständigkeit verlor, sich den Habsburgern unterwerfen musste – und zwangsweise wieder katholisch wurde.

Die glorreiche Zeit als Freie Reichsstadt endete, stattdessen wurde Konstanz eine kleine katholische österreichische Landstadt. Konstanz rutschte in die politische und ökonomische Bedeutungslosigkeit. *Es ist hier weder*

Kaufmannschaft, Fabrik, noch sonst irgendein Verkehr, mithin im Grunde eine arme Stadt. Wozu noch die Faulheit und der beständige Aufenthalt der Einwohner in den Weinhäusern kömmt …, schrieb Philipp Wilhelm Gercken im Jahr 1783 in seinen *Reisen durch Schwaben*.

In diese Zeit fiel auch Goethes Besuch in Konstanz. Er machte 1788 auf dem Rückweg einer seiner italienischen Reisen in Konstanz Station, um mit Barbara Schulthess aus Zürich, der *Seelenfreundin*, wie der Dichter sie nannte, zu flirten. Vermutlich sah er auch den Aufenthalt in den Weinhäusern als nicht so verwerflich wie Gercken.

In den Jahren vor dem *Ersten Weltkrieg* erlebte Konstanz eine Phase der Prosperität: Der Hafen wurde 1890 erweitert, sowohl Arbeiterwohnungen wie das imposante Seestraßen-Ensemble wurden errichtet, Wasser- und Gasversorgung modern ausgebaut, viele Häuser in der Altstadt und im Stadtteil *Paradies* erhielten neue Gesichter. Der Fremdenverkehr bekam eine immer größere Bedeutung. Innerhalb der Bevölkerung legten die jüdischen Konstanzer einen besonderen Elan an den Tag. Sie gründeten Firmen und finanzierten beispielsweise die Überbauung des Neubauviertels um den Bahnhof. Die Stadt sollte es ihnen ein paar Jahrzehnte später übel danken …

Die Konstanzer Faschisten mit ihrem Stadt-Ehrenbürger Adolf Hitler gingen brutal gegen die jüdische Gemeinde vor. In der *Reichskristallnacht* setzte die SS in Zivil die Synagoge in Brand und hinderte die Feuerwehr am Löschen. Alle jüdischen Männer, teilweise auch die Frauen, wurden verhaftet und misshandelt. Die Konstanzer ließen zu, dass die letzten 120 Juden 1940 deportiert wurden.

Als die Bombengeschwader über den See flogen, war Konstanz durch die Nachbarschaft zur Schweiz geschützt. Denn die Konstanzer taten es der neutralen Nachbarstadt Kreuzlingen gleich. In Deutschland herrschte Verdunklungsgebot.

Doch die Konstanzer ließen, trotz aller Warnungen, nachts ihre Lichter brennen. Die alliierten Piloten hielten die hell erleuchtete Bischofsstadt für eine Schweizer Gemeinde. So blieb Konstanz von Zerstörungen verschont.

Gekrümmte Gassen mit jahrhundertealten Häusern, kleine Läden – vom italienischen Spezialitätenladen bis zum Trödler – und urgemütliche Weinstuben machen den Reiz des ältesten Konstanzer Stadtviertels aus, der Niederburg. Wer durch die schmalen Sträßchen zwischen Münster und Rhein an den mehr als 500 Jahre alten, mittelalterlichen Häusern entlang schlendert, kann die Atmosphäre der ursprünglich von Handwerkern und Fischern bewohnten Niederburg erahnen. Trotz alter Bausubstanz ist das Viertel jung geblieben. Viele Studenten wohnen hier, zum Teil versteckte Kneipen sorgen für Leben.

Wie eine Fata Morgana steht die Uni auf dem Gießberg: farbige Blechdächer, Massen von Beton, Tausende von Glasfenstern, kantige Fassaden mit schwungvollen Wegführungen. Funktionelle Architektur gepaart mit künstlerischem Formenempfinden. Ein Architektentraum zwischen Wiesen und dem Mainauwald in aussichtsreicher Lage. Die 1966 gegründete Hochschule war zunächst provisorisch im Inselhotel, dann auf dem Sonnenbühl untergebracht, bis sie 1972 die ersten Bauten auf dem Gießberg bezog. Durch die Universität ist Konstanz – bei aller Geschichtsträchtigkeit – eine junge Stadt. Mehr als 12.000 Studentinnen und Studenten gibt es in der mehr als 80.000 Einwohner zählenden Stadt. Dies hat das Leben der Stadt kräftig durcheinander gewirbelt. Längst steht das *K* von Konstanz auch für Kneipen, Kleinkunst und Konzerte.

Drei Tage Musik nonstop im Konstanzer Stadtgarten, dazu der Blick auf die Alpen und das Feuerwerk über der Konstanzer Bucht gehören zum Seenachtsfest. Mehr als 40.000 Besucher strömen alljährlich an einem Augustwochenende auf das Festgelände, um zwischen Seestraße, Hafenstraße und Klein Venedig den Sommer zu genießen.

Der erste Vorläufer des Seenachtsfestes ist aus dem Jahr 1507 bekannt. Damals illuminierten die Konstanzer mit Hilfe einiger Fässer Schwarzpulver die Bucht, um Kaiser Maximilian I., einen der reichsten Männer seiner Zeit, zu beeindrucken und ihm Gunstbeweise zu entlocken.

Mit dem Aufkommen des Tourismus im 19. Jahrhundert wurden in Konstanz dann jedes Jahr *Beleuchtungsabende* veranstaltet. Nicht mehr für Kaiser oder Fürsten, sondern einfach zur Freude der Besucher.

Erstmals in der Geschichte des Konstanzer Seenachtsfestes entzündeten 2005 Pyrotechniker aus China ein großes Feuerwerk mit Musik. Die chinesischen Spezialisten zauberten prächtige Blumen und funkelnde Wasserfälle an den Himmel über der Konstanzer Bucht. Künftig sollen häufiger international renommierte Feuerwerker eingeladen werden.

Neben Urlaubern und Besuchern, die es jedes Jahr nach Konstanz zieht, machen mittlerweile auch immer mehr Pilger Station an der Stadt am See. Jakobsweg-Pilger. Konstanz ist Teil des Oberschwäbischen Jakobsweges, der von Ulm bis an den Bodensee führt. Ab Konstanz heißt der Pilgerweg dann Schwabenweg, denn bereits im Mittelalter trafen sich meist schwäbische Pilger am Konstanzer Münster, um bis ins schweizerische Einsiedeln zu pilgern. Oder noch weiter. Von Konstanz bis zum Ziel der Jakobsweg-Pilger, Santiago de Compostela in Spanien, sind es 2340 Kilometer. Von Konstanz führt der Weg der Jakobsmuschel durch den Thurgau, weiter bis zum Zürichsee, wo der Schwabenweg auf den Appenzeller Weg trifft und sich zum Innerschweizer Jakobsweg vereint.

Ein deutlich kürzerer und weniger anstrengender, aber sehr idyllischer Spaziergang beginnt entlang der Konstanzer Seestraße: Am Casino vorbei zum Yachthafen, Platanen spenden Schatten, trotzdem genießt man schöne Ausblicke auf die Altstadtsilhouette. Vom Freibad Hörnle geht's weiter bis nach Staad zum Fährhafen. Immer an der Konstanzer Bucht entlang und immer auf der Gemarkung Konstanz. Wer genug hat, kann mit der Fähre zurück nach Konstanz, Wanderlustige können weiter bis zur Insel Mainau marschieren. Wer ab Staad nicht nur Bodenseeufer sehen mag, kann auf dem Höhenweg weiter gehen. Von prächtigen Birnbäumen flankiert. Oder durch den Wald zum ehemaligen Kloster St. Katharina, dessen traurige Überreste eigentlich nur noch aus einem Gebäude bestehen. Im Jahre 1324 soll der Abt des Klosters Reichenau einem Eremiten ein Haus und eine Kapelle übertragen haben, der zaghafte Beginn eines Klosters.

Spätestens seit 1436 leben Klosterfrauen hier, anfänglich Beginen, dann schließen sich diese dem Orden der Augustiner-Eremiten an. Ein Bettelorden. Zehn bis fünfzehn Nonnen führen ein arbeitsreiches Leben im kärglichen Kloster: Sie schuften in der Landwirtschaft, tun Dienst auf der Insel Mainau, pflegen Kranke und geben Pilgern eine Mahlzeit und ein Dach über den Kopf.

Durch die Wirren der Reformation kommt 1542 das wundertätige Kreuz von Bernrain ins Kloster. Ein Segen für das Kloster, denn nun wird es gar zum regionalen Wallfahrtsort aufgewertet. Die wirtschaftliche Situation der Nonnen verbessert sich zusehends. Doch hundert Jahre später müssen die Schwestern, auf Druck des Bischofs von Konstanz, das Kreuz wieder zurück geben. Wohl nicht ganz ohne Gegenleistung, denn 1667 können die Klosterfrauen ihre Anlage erweitern. Mit der Säkularisierung kommt dann das Ende des Klosters, der Besitz fällt an den Großherzog von Baden. Die Nonnen müssen gehen.

Das Kloster wird Ausflugslokal und beliebte Gastwirtschaft. Bis 1965. Dann entspricht der Ziehbrunnen vorm Haus nicht mehr den geforderten Standards. Doch es fehlt an Geld für die Modernisierung. Wegen eines fehlenden Wasseranschlusses muss das Lokal schließen.

Wie das ehemalige Kloster, so gehört auch die Insel Mainau zu Konstanz. Eine der schönsten Parkanlagen der Welt. Im Überlinger See. Die schwedische Grafenfamilie Bernadotte hat aus der Mainau einen Blumengarten gezaubert – mit Millionen Narzissen, Hyazinthen und Tulpen, mit 180 verschiedenen Rhododendron-Arten, 500 Jahre alten

Wildrosen und mehr als 30 000 Rosenstöcken. Mehr als 70 Gärtner legen verschlungene Rabatten an, wecken Palmen und Zitronenbäume aus dem Winterschlaf, rupfen Unkraut und zapfen Seewasser zum Gießen ab. Wenn die Kirschbäume blühen, sollen sich unter ihren Zweigen farblich abgestimmte Tulpen öffnen. Nichts wird dem Zufall überlassen. Im Herbst beenden die Dahlien mit einem flammenden Inferno den Blütenzyklus.

Den Grundstein zu diesem Gesamtkunstwerk aus Blumen, Gärten und Parks legte der Deutsche Orden, dem die Insel von 1272 bis zur Säkularisierung 1803 bis 1805 gehörte. Die Großherzöge von Baden gestalteten die Insel ab 1853 zum Landschaftspark und pflanzten exotische Gewächse. Subtropische Pflanzen umgeben noch heute das Schloss. Großherzog Friedrich II. vermachte die Insel seiner Schwester Victoria, der Frau König Gustafs V. von Schweden. Prinz Lennart heiratete 1932 eine Bürgerliche, verzichte deshalb auf die mögliche Thronfolge und machte die Mainau zu seinem neuen Zuhause. Seither leben die Bernadottes auf der Insel, aus der Mainau ist ein öffentlich zugänglicher Garten geworden und eine der bedeutendsten touristischen Attraktionen am See.

Weniger botanisches Kunstwerk, sondern riesige Schilfwälder und unzugängliches Sumpfgelände – naturbelassen – finden sich im Wollmatinger Ried, das auf der Gemarkung Konstanz liegt. In dem Kalkflachmoor bekommt man eine Idee davon, wie das Bodenseeufer vor Jahrhunderten ausgesehen haben mag. Ein ökologisches Reservat mit Kolbenente, Bekassine, Zwergdommel oder Drosselrohrsänger. Hier herrscht ein Landen und Fliegen. Fast eine Million Vögel überwintern am Bodensee. Das Schilf und die Riedwiesen bieten Schutz und Lebensraum.

Das Ried zwischen Hegne und Konstanz ist seit 1930 geschützt. Geprägt ist das 767 Hektar große Naturre-servat, das größte am Bodensee, von den unterschiedlichen Wasserständen des Sees. Durch die Schneeschmelze wird es im späten Frühjahr überflutet, dadurch entwickelte sich eine vielfältige Vegetation: Sumpf-Siegwurz, Blaues Pfeifengras, Bienen-Ragwurz. Die Sumpf-Gladiole ist nur noch hier bekannt. Im Ried tummeln sich auch 330 Schmetterlings- und 50 Libellenarten. Schilf wiegt sich im Wind, Enten quaken, ein Singschwan putzt sein

Gefieder. Damit sich Flora und Fauna nahezu ungestört entfalten können, ist das Wollmatinger Ried für den Mensch nur bei Riedführungen zugänglich.

Egal ob Wandern, Spazieren oder lustvolles Flanieren: Alles in und um Konstanz ist mit gewissen Risiken behaftet. Denn ein wenig Verliebtsein ist nie ganz auszuschließen, sei es in diese Stadt, sei es in die Region oder den See. Eine Verliebtheit, die die Schmetterlinge nicht nur im Wollmatinger Ried oder auf der Insel Mainau, sondern auch im Bauch tanzen lässt.

Das Konstanzer Münster *Unserer Lieben Frau* ist eine dreischiffige Säulenbasilika in ursprünglich romanischem, später gotischem Stil. In den Münstertürmen hängen insgesamt 19 Glocken, von denen jede einen Namen besitzt.

Von 1414 bis 1418 tagte in Konstanz das berühmte Konzil, mit dem die Einheit der Kirche wieder hergestellt werden sollte. Das große Konzilgebäude am Hafen stammt aus dieser Zeit.

→ Im Konstanzer Hafen laufen die Schiffe der *Weißen Bodenseeflotte* ein, und Freizeitboote legen zum Übernachten an. Gleich daneben befinden sich der Hauptbahnhof, viele Restaurants, der Stadtgarten und das *Sea Life Center*.

Der Kaiserbrunnen auf der Marktstätte ist ein beliebter Tummelplatz für Kinder und Ruhestätte für müde Stadtbummler. In ihm sind zahlreiche bauliche Anspielungen auf die Konstanzer Vergangenheit versteckt.

Früher endete der Hauptverkehrsweg durch die Stadt beim Schnetztor. Dieses wurde im 14./15. Jh. errichtet und wird inzwischen als Baudenkmal von nationaler Bedeutung eingestuft.

Auf der Marktstätte pulsiert das Leben. Seit dem Mittelalter werden hier Märkte abgehalten.

Einst schmückten 25 Tore und Türme die mittelalterlichen Befestigungsanlagen von Konstanz. Der 800 Jahre alte Rheintorturm war der wichtigste davon, da er den Zugang zur Stadt gewährleistete.

Der älteste Stadtteil von Konstanz ist die Niederburg. Heute sind in ihren verwinkelten Gassen Weinstuben, Handwerker, Behörden, das Dominikanerinnenkloster und das Stadttheater angesiedelt.

Die mittelalterlichen Häuser der Niederburg waren früher oft schlecht unterhalten und enthielten billige Wohnungen, Touristen verirrten sich kaum hierher. Heute ist das anders, sie ist zu einer Sehenswürdigkeit herangewachsen, eine Reihe beliebter Restaurants findet sich hier.

Die Marktstätte bedeutet für alle, die am Hafen ankommen, den Einstieg in die Stadt. Hier lässt sich vortrefflich bei einem Eisbecher oder Capuccino sitzen, um gemütlich dem quirligen Stadtleben zuzusehen.

Um die Marktstätte herum befinden sich zahlreiche historische Gebäude und Kleindenkmäler, wie etwa das ehemalige Reichspostgebäude im Hintergrund.

FAHRKARTEN

Fahrkarten am Automaten
in der Wartehalle sowie in
der Katamaran-/BSB-
Geschäftsstelle im Hafen
erhältlich.

BSB

Mit dem Katamaran – hier das Fahrkartenhäuschen am Hafen – wurde eine Schnellverbindung über den Bodensee zwischen den beiden Städten Friedrichshafen und Konstanz eingerichtet. Stündlich können nun Pendler damit über das Wasser gleiten.

Nur wenige Tage im Jahr, zur Zeit der Wintersonnwende, geht die Sonne vom Land aus betrachtet rechts neben der Hafeneinfahrt und seiner markanten Statue, der *Imperia*, auf.

← Die Rheinbrücke überspannt in Konstanz den Seerhein und bildet den Hauptzugang zur Stadt. Ab hier beginnt man, die Rheinkilometer zu zählen.

In den Biergärten am Hafen lässt sich im Sommer vortrefflich der Abend verbringen. Im Hintergrund leuchtet der Turm des im Stil eines Florenzer Palastes gebauten Hauptbahnhofs.

Beim Konstanzer Seenachtsfest wetteifert die Stadt jedes Jahr mit ihrer Nachbargemeinde Kreuzlingen um das schönste Feuerwerk. Im Vordergrund ist das beleuchtete Konzilgebäude zu sehen.

Die *Alte Rheinbrücke* wird beim Seenachtsfest für den Autoverkehr gesperrt und von den Fußgängern in Besitz genommen. Ein seltenes Bild vor der Kulisse der in der Abenddämmerung erleuchteten Jugendstilhäuser in der Seestraße.

← Vom Turm des 76 Meter hohen Münsters bietet sich ein prächtiger Blick über die abendliche Stadt bis hin zum Konzilgebäude und dem Schiffsverkehr im Konstanzer Trichter.

Dämmerstunde in der Gerichtsgasse. Ein Gewirr kleiner Gassen durchzieht die Konstanzer Altstadt.

Es spielt Musik auf dem Weihnachtsmarkt, während Glühweinduft durch die Luft zieht. Peter Lenks *Imperia* an der Hafeneinfahrt betrachtet das Treiben von oben.

Die Beflaggung an der Alten Rheinbrücke symbolisiert die Partnerstädte von Konstanz. Majestätisch erhebt sich dahinter der Turm des Münsters *Unserer Lieben Frau.*

Der Seerhein fließt gemütlich am Stadtgebiet Stromeyersdorf mit seinem markanten, ehemaligen Wasserturm vorbei, bevor er sich bei Gottlieben im Untersee wieder verbreitert.

Konstanz liegt umgeben von den weiten Schilfflächen des Natur-
schutzgebiets Wollmatinger Ried. Mitten hindurch führt die von
Pappeln gesäumte Dammstraße zur Gemüseinsel Reichenau.

Das 767 Hektar große Naturschutzgebiet Wollmatinger Ried ist eines der ältesten und bedeutendsten am Bodensee und vor allem wichtig als Rastplatz für Zugvogelschwärme.

Auch die beiden Inseln Triboldingerbohl (links) und Langbohl (rechts) gehören zum Wollmatinger Ried. Alleine etwa 290 Vogelarten wurden bisher in diesem Naturschutzgebiet gezählt.

Im Naturbad am Hörnle sammeln sich bei sommerlicher Wärme die Badegäste unter schattigen Bäumen.

→ Wer mit dem Auto nicht 53 Kilometer um den See herum fahren möchte, kann von Staad aus direkt die Fähre nach Meersburg nehmen.

Die Anzeigetafel der Schiffsverbindungen im Konstanzer Hafen leuchtet im Morgenrot, während sich die *Imperia* im Hintergrund nach ihrer Nachtruhe wieder langsam zu drehen beginnt.

Gleich neben der Hafeneinfahrt und dem Gondelhafen ankert auch das Fahrgastschiff *Möwe*, mit dem Rundfahrten im Konstanzer Trichter angeboten werden.

Die Möwen an der Hafenmole dösen in der Morgensonne.

Der Fähr- und Yachthafen von Staad. Etwa alle Viertelstunde legt hier eine von insgesamt sechs Autofähren nach Meersburg ab.

Die Bodensee-Therme Konstanz lädt auf über 3000 Quadratmetern Wasserfläche zum Schwimmen ein – mit Blick auf den See, und trotzdem ganzjährig in warmem Wasser.

Als Grenzort zur Schweiz spielt in Konstanz natürlich auch der Zoll eine wichtige Rolle – sogar auf dem Wasser.

Die roten Rettungsboote im Strandbad Hörnle halten ihren Winterschlaf, während daneben die letzten Herbstblätter liegen.

Vor der Kulisse des Konzilgebäudes, des Münsters und der Stephanskirche ankert die Schnellfähre im Hafen.

Der Pulverturm am Rheinufer wurde früher auch Ziegelturm oder Judenturm genannt. Heute dient er als Zunfthaus der Narrengesellschaft Niederburg.

Majestätisch thront der noch schneebedeckte Gipfel des Säntis über der Hafeneinfahrt. Zum Greifen nah erscheint aus dieser Perspektive das Schweizer Ufer mit den Alpen.

Der Bootsverleih im Gondelhafen ermöglicht den Besuchern, die Kulisse des Konzilgebäudes und der Altstadt vom Wasser aus zu genießen.

Die Fassade der Tiergarten-Apotheke in der Wessenbergstraße gehört nur zu einem der vielen schmucken, historischen Bürgerhäuser, auf die man hier stößt.

Das ursprünglich romanische Münster vereint verschiedene Baustile in sich und wird von einer achteckigen, neugotischen Turmspitze gekrönt. 1200 Jahre lang diente es als Kathedrale der Bischöfe von Konstanz.

Es ist morgens, Viertel nach sechs, und das Fahrkartengebäude am Hafen sowie der Turm der Sparkasse leuchten im ersten Strahl der Morgensonne.

Denkmal am Gondelhafen für den Luftschiffer Ferdinand Graf von Zeppelin, der in Konstanz das Licht der Welt erblickte.

Ein stilles Eck mit einem alten Fachwerkgebäude am Kuhgäßchen, gleich vor dem Amtsgericht.

→ Der Hafen im Novembernebel.

Die bunten Anlagen der Universität, der südlichsten Deutschlands, befinden sich etwas außerhalb der Stadt und sind umgeben von Grün.

Das auf einer Insel liegende frühere Dominikanerkloster gehört heute zur *Steigenberger* Hotelgruppe und ist über eine Brücke mit der Konstanzer Altstadt verbunden.

In den kleinen Gassen der Altstadt scheint oft die Zeit stehengeblieben zu sein.

Die berühmte Blumeninsel Mainau gehört zum Konstanzer Stadtteil Litzelstetten. Ihr Herzstück sind neben dem gräflichen Schloss
die dazugehörige Schlosskirche, das neue Palmenhaus und der
daneben liegende *Italienische Rosengarten*.

Marmorfiguren und Standbilder schmücken die Blumenrabatten entlang der Kieswege im Rosengarten. Jedes Jahr wird hier die Mainau-Rosenkönigin gewählt.

Tropische Palmen, wie diese Bananenstauden, vermitteln im Sommer südliches Flair. Im Hintergrund geht die Sonne über dem Meersburger Ufer auf, die Schiffslände ist noch menschenleer.

Besonders bunt beginnt das Frühjahr im Blütenmeer der Insel Mainau. Tulpen, Narzissen und viele andere Hingucker läuten das Blumenjahr ein.

Vor allem Kinder lieben das achtbeinige, bronzene Pferd am Kaiserbrunnen auf der Marktstätte. Der blankgescheuerte Sattel verrät, dass auf diesem auch wirklich geritten wird.

Ein hübscher Winkel am Wohnturm *Zum goldenen Löwen* in der Hohenhausgasse mit Architekturmalerei aus der Renaissance.

Blick zum Südportal des Münsters *Unserer Lieben Frau* mit der Mariensäule.

Die Mariensäule aus Granit auf dem südlichen Münsterhof stellt Maria mit Jesus auf einer Mondsichel dar.

Schräg einfallende Abendsonne zaubert eine ganz besondere Stimmung in die Gassen der Altstadt.

Dass hier etwa 12.000 Studenten zuhause sind, merkt man bereits an den überall geparkten Fahrrädern.

Als älteste Kirchengründung in Konstanz gilt die Stephanskirche. Diese war im Gegensatz zum bischöflichen Münster früher die Kirche der Bürger.

Abendstimmung in einem Biergarten an der Hafenstraße.

Viele historische Gebäude der Konstanzer Altstadt sind mit reichen Fassadenmalereien verziert, wie etwa das *Haus zum Hohen Hafen* am Obermarkt.

Ein herrlicher Sonnenaufgang an der Hafenmole. An dieser Stelle verengt sich der See zum Seerhein.

→ Gondelhafen mit Zeppelin-Denkmal. Die Platanen, welche die Promenade säumen, schlagen im Frühjahr als letztes aus.

Mit der aufgehenden Sonne fährt der Katamaran *Fridolin* am Konstanzer Hörnle vorbei und auf den offenen Obersee hinaus.

Der Leuchtturm am Hörnle ist eine für den Schiffsverkehr wichtige Orientierungsmarke. An kalten Wintertagen scheint er aus dem dampfendem Wasser emporzusteigen.

← Vom Ufer bei der Bodensee-Therme aus bietet sich abends ein besonders schöner Blick auf die nun beleuchtete Altstadtkulisse.

Auch der Zugverkehr wird über die *Neue Rheinbrücke* zum Hauptbahnhof geleitet, wo sich *Deutsche Bahn* und *Schweizerische Bundesbahn* treffen.

Nachts wird das Oktogon des Münsterturms von innen beleuchtet.

Viele Brunnen schmücken die Stadt; dieser hier befindet sich an der Hauswand des ehemaligen Domherrenhofs.

Die *MS Stuttgart* ankert direkt vor dem Restaurant *Hafenmeisterei*.

Auch die *MS Karlsruhe* liegt im Hafen. Sie ist mit 75 Jahren der Oldtimer unter den Schiffen der *Weißen Bodenseeflotte*.

Die Silhouette der neun Meter hohen *Imperia* am Hafeneingang, so, wie sie die Besucher von einem der Fahrgastschiffe aus beim Einlaufen sehen.

Morgenstimmung am Gondelhafen mit Blick zur Hafeneinfahrt.

Der alte Leuchtturm am Hafen steht dort bereits seit 1838. Schon zur Römerzeit dürften Leuchttürme am Bodensee eine Rolle gespielt haben.

Mit Touristen beladen fährt die *MS Schaffhausen* unter der *Neuen Rheinbrücke* hindurch und am Rheintorturm und den Jugendstil-häusern der Seestraße entlang in den Konstanzer Trichter.

Die Konstanzer Altstadt mit Münster und dem vorne links liegenden Inselhotel auf der Dominikanerinsel. Im Hintergrund sind das Konzil und der Hafen erkennbar.

... und immer wieder schweift der Blick zur prächtigen Turmspitze des Konstanzer Münsters empor.

Ein Eck des mächtigen Konzils sowie der Bau des alten Reichspostgebäudes, in dem heute die Sparkasse residiert.

Interessantes über den Bodensee

Der Bodensee liegt im Alpenvorland, 395 Meter über dem Meeresspiegel. Nach dem Plattensee in Ungarn mit einer Fläche von 594 Quadratkilometern und dem Genfer See mit einer Fläche von 580 Quadratkilometern ist der Bodensee der drittgrößte Binnensee Europas. Seine Fläche beträgt 571 Quadratkilometer, die mit rund 50 Milliarden Kubikmeter Wasser gefüllt ist. Seine tiefste Stelle liegt zwischen Fischbach und Uttwil und beträgt 254 Meter, durchschnittlich ist der See 80 Meter tief.

———

Der Bodensee liegt im Dreiländereck Deutschland, Österreich, Schweiz, wobei Deutschland mit 173 Uferkilometern den größten Anteil hat, davon entfallen 155 Kilometer auf Baden-Württemberg und 18 auf Bayern. Die Schweiz darf sich über 72 Uferkilometer und Österreich über 28 freuen. Wem exakt welcher Teil des Gewässers gehört, wurde nie festgelegt. Die Grenzziehungen durch den See beruhen allein auf Gewohnheitsrecht.

———

Zwischen Friedrichshafen und Arbon auf der Schweizer Uferseite ist der See mit 14 Kilometern am breitesten. Die längste Ausdehnung hat er von Bregenz bis nach Konstanz: 46 Kilometer Luftlinie. Von Bregenz aus ist in Konstanz nur die Spitze des Münsters zu sehen. Schuld daran ist die Erdkrümmung, die auf dieser Distanz 42 Meter beträgt.

———

Namentlich gliedert sich der Bodensee in drei Teile: Das größte Stück (472 Quadratkilometer) zwischen Lindau und Meersburg heißt *Obersee*. Der Überlinger See erstreckt sich zwischen Meersburg und Bodman. *Untersee* nennt man den Teil zwischen Konstanz und Stein am Rhein. Der Untersee gliedert sich in den Gnadensee, der im Norden von Allensbach, liegt und den Zeller See im Süden zwischen Horn und Radolfzell. 14 Inseln liegen im See, manche sind unzugängliche Naturschutzgebiete, andere, wie die Inseln Mainau und Lindau, sind Touristenmagnete. Die größte Insel ist die Kloster- und Gemüseinsel Reichenau. Die kleinste ist die Insel Hoy, sie misst gerade mal fünf auf sechs Meter. Hoy ist eine künstliche Insel, eine private Badeinsel mit einer schattenspendenden Weide darauf. Mittlerweile ist die kleine Insel ein Naturschutzgebiet.

———

Vor 200.000 Jahren, während der Riss-Eiszeit, war vom Bodensee noch nichts zu sehen. Er ist durch den mächtigen Rheingletscher entstanden, der sich von den Alpen bis über die Donau hinausgeschoben hat. Diese Eiswüste erstickte über 100.000 Jahre lang jedes Leben unter ihrem viele hundert Meter dicken Eispanzer.

Danach kamen Wärmeperioden, in denen die Natur die vom Eis befreite Landschaft zurückeroberte. Ein tiefer See, vom Schmelzwasser des Rheins gespeist, blieb zurück. Enten, Seeadler und sogar Pelikane lebten in seinen Schilfflächen. Tausende von Tümpeln und Seen entstanden. Doch das Idyll währte nicht lange. In der Würm-Eiszeit vor 30.000 Jahren schob sich der Rheingletscher abermals über den Bodensee.

Nach dem Abschmelzen des Eises vor etwa 10.000 Jahren nahm der Bodensee eine Fläche von 1200 Quadratkilometern ein, war also mehr als doppelt so groß wie heute. Der Rheingletscher grub das Seebecken und schuf die typischen Moränenhügel, wie sie heute noch auf dem Bodanrück oder im Lindauer Hinterland zu sehen sind. Mächtige Wälle sind rund um den See erkennbar. Sie zeigen, welche Ausdehnung der Rheingletscher während der letzten Eiszeit hatte.

———

Erdgeschichtlich betrachtet ist der Bodensee nur eine temporäre Erscheinung, die es in einigen zehntausend Jahren nicht mehr geben wird. Der See verlandet. Allein im 20. Jahrhundert entstanden mehr als zwei Quadratkilometer neue Landfläche, vor allem durch die enormen Sedimentmassen, die der Alpenrhein, der große Wildbach, mit sich führt. Dadurch verändert sich sein Mündungsgebiet ständig.

Außer dem Alpenrhein, dem größten Zufluss des Bodensees, fließen noch der alte Rhein, die Bregenzer Ach, Argen, Rotach, Schussen, Leiblach, Dornbirner Ach sowie die Stockacher, Seefelder und Radolfzeller Aach in den See.

———

Die Wasserfläche des Sees wirkt als riesiger Spiegel, der das Sonnenlicht reflektiert und in einer Zone von vier bis fünf Kilometer über das Ufer hinaus die Sonnenintensität zusätzlich steigert. Die Wassermassen speichern die Wärme und mäßigen sowohl Winter als auch Sommer. Dadurch entspricht das Klima etwa dem der Oberrhein-Ebene, die 200 bis 300 Meter tiefer liegt. Der Föhn strömt häufig durch das Rheintal zum See, bringt warme Luft und klare Sicht. Im Winter allerdings hängt oft eine hartnäckige, aufs Gemüt drückende Hochnebeldecke über dem See.

———

Die Siedlungsgeschichte am Bodensee reicht weit zurück. Die Landschaft im Voralpenland bot den damaligen Bewohnern zahlreiche Vorteile: ausreichend Wasser, fruchtbare Niederungen, und in den dichten Sumpfwäldern lebten Wild und Wasservögel aller Art. Bereits in der älteren Steinzeit, also vor etwa 15.000 Jahren, durchstreiften nomadisierende Jäger und Sammler das Gebiet. Das beweisen vielfältige prähistorische Funde aus dieser Zeit. Als Wohnarchitektur wurden schon in der Steinzeit Pfahlbaudörfer angelegt, deren Aussehen sich bis zur Eisenzeit kaum änderte. Allein am heutigen deutschen Ufer konnten etwa 70 Pfahlbaudörfer nachgewiesen werden. Auf Stelzen stellte man die Häuser, um die Schwankungen des Wasserspiegels von bis zu zwei Metern ohne nasses Hab und Gut zu überstehen.

———

Durch die Lage am Alpenrand war die Region schon früh Durchzugsgebiet und Handelsraum. Die Kelten errichteten befestigte Siedlungen. Im Auftrag des Kaisers Augustus erschienen die Römer im Jahr 15. Der junge Feldherr Tiberius musste sich sogar in einer Seeschlacht gegen die rätischen Stämme behaupten. Die Schiffe dazu ließ er vermutlich auf der Insel Mainau bauen. Der See war für die Römer von erheblicher strategischer Bedeutung. Zur Sicherung ihrer Vorherrschaft legten sie mächtige Kastelle an, wie in Arbon und Eschenz (Schweiz) oder in Konstanz. Ihr wichtigster Stützpunkt war Bregenz. Den See nannten die Römer deshalb auch *Lacus Raetiae Brigantinus*.

Im zehnten Jahrhundert entstand der Name *Lacus Bodamicus*, der von der bedeutenden Kaiserpfalz Bodman (oder auch *Bodama*) am westlichen Ende des Sees herrührt. Später wurde daraus *Bodensee*. In einigen Fremdsprachen wird der See nach Konstanz, der größten Stadt am See, benannt – *Lake of Constance, Lac de Constance, Lago di Constanza* …

© Edmund Möhrle Photographie

HOLGER SPIERING ist ein echter *Seehas*: 1967 in Überlingen am Bodensee geboren. Schon als Kind durchstreift er das Seeufer, wenn auch ohne Kamera. Denn diese hatte er auf dem Weg in den Italienurlaub verloren. Zum Glück leiht ihm sein Vater seine *Asahi Pentax Spotmatic*, mit der Holger Spiering nun losziehen kann. Zuerst am Bodensee, später dann während seines Studiums der Forstwissenschaften in Nordschweden und Neuseeland. Dort lernt er den Pionier der Panoramafotografie, Andris Apse, kennen, von dem Spiering sagt: *Er inspiriert mich und begleitet mich seither gedanklich.* Nach zwei Reisejahren landet er wieder in Überlingen mit der Gewissheit, die Fotografie ernsthaft zu betreiben. Holger Spiering jobbt in einem Fotogeschäft und ist in jeder freien Minute mit der Kamera in der Bodenseeregion unterwegs.

Sein erstes gedrucktes Foto erscheint als Postkartenmotiv: Sonnenuntergang über dem Überlinger See. *Nie wieder war ich so stolz auf ein Foto.* Er investiert in eine analoge Panoramakamera, die damals so viel kostete wie ein Kleinwagen, beendet seinen Job im Fotogeschäft, wagt den Sprung in die Selbständigkeit und wird zum Chronisten der wunderschönen Bodensee-Landschaft, die er wie seine Westentasche kennt. Holger Spiering liebt seltene Wetterstimmungen, dafür verlässt er schon mal den gemütlichen Grillabend mit den Schwiegereltern, wenn erste Blätter zur Erde wirbeln und sich ein Gewitter ankündigt. Spiering, der Landschaftsfotograf, scheut weder kräftige Hagelschauer, noch Blitze oder Sturmböen, wenn sich daraus stimmungsvolle Lichtkompositionen ergeben. Während sich andere bei so einem Wetter aufs Sofa verkriechen, lehnt sich Spiering gegen den Wind, versucht seine Objektive gegen die Wogen, die von der Ufermole donnern, zu schützen, nur weil ein schmaler, heller Streifen am Horizont durch die dunkle Wolkenwand erscheint, dessen warmes Licht sich auf den Wogenspitzen bricht. Nach dem Orkan bleibt ein Teppich von abgefallenen Blättern und Ästen und bei ihm das Hochgefühl, den richtigen Moment erwischt zu haben.

So entsteht ein enormes Bildarchiv rund um den See mit mehr als 10.000 sofort verfügbaren Aufnahmen – eines der vollständigsten Bodensee-Bildarchive.

Obwohl es sein kann, dass Holger Spiering bei idealem Licht alles stehen und liegen lässt und die schwere Kameratasche schnappt, findet er noch genügend Zeit für seine Familie, um das Haus zu renovieren, für Gartenarbeit, Paddeln und Imkern. Wobei der Blick dann oft gen Himmel geht, schließlich könnten außergewöhnliche Wolkenformationen aufziehen.

ISBN: 978-3-89823-467-2

Design: Marcus Bela Schmitt & Edition Panorama

Lektorat: Dr. Christophe Klimmer, Diana May, Wolfgang Roth

Litho: EPS GmbH, Speyer

Druck: Passavia Druckservice GmbH & Co. KG, Passau

Bindung: Conzella Verlagsbuchbinderei GmbH & Co. KG, Pfarrkirchen

Edition Panorama GmbH | G7, 14 | D-68159 Mannheim

Eine Produktion der EDITION**PANORAMA**